AYUDANTES EN COVID-19

Texto de Beth Bacon
Ilustraciones de Kary Lee
Traducido por Norma Kaminsky

Algo muy extraño
sucedió en la
primavera de 2020.

En todo el mundo, los niños dejaron de ir a la escuela.

Dejaron de jugar en los parques. Dejaron de ir a eventos deportivos,

al cine y a fiestas
de cumpleaños.

En la primavera de 2020, en todos lados parecía que los niños no estaban haciendo nada.

Pero no era así.

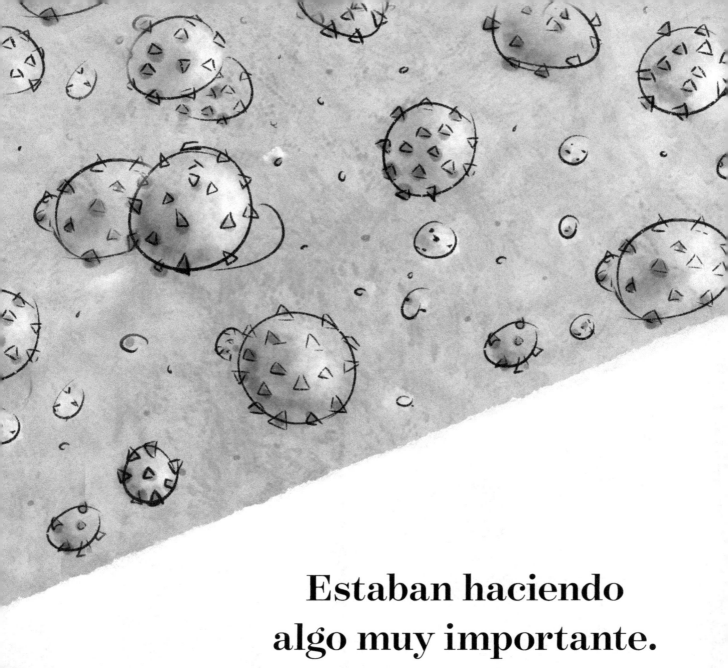

Estaban haciendo
algo muy importante.
Estaban ayudando a
combatir una nueva
enfermedad.

Covid-19 había aparecido por primera vez apenas unos meses antes.

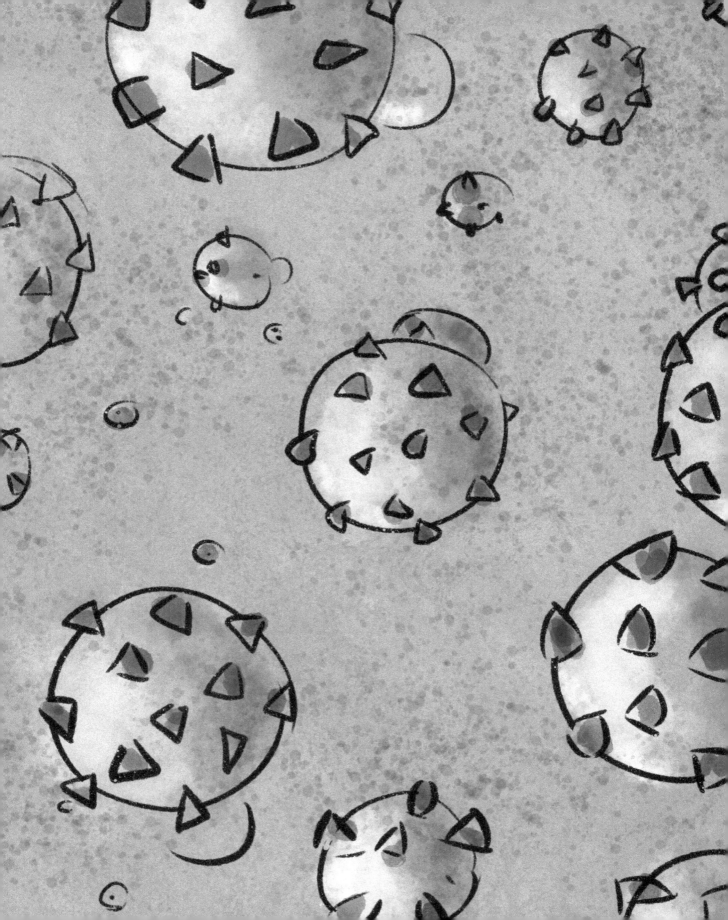

A la mayoría de las personas el virus no las afectó.

Pero algunas personas se enfermaron de gravedad.

Y porque era una enfermedad nueva, los médicos no tenían cómo curarla. Así que en todas partes la gente empezó a ayudar.

Los trabajadores de la salud ayudaron a los enfermos a recuperarse.

Los investigadores ayudaron a descubrir nuevos medicamentos.

Los líderes ayudaron con nuevos planes.

Los reporteros ayudaron con la divulgación de noticias.

Los camioneros ayudaron transportando suministros.

Los recolectores de basura ayudaron al mantener las comunidades limpias.

Al ir de compras,
los clientes
ayudaron usando
mascarillas y
guardando 6 pies
de distancia.

Y los niños, con sólo
quedarse en casa, también
ayudaron. Tal vez parezca
que quedarse en casa era
no hacer nada, pero fue una
labor importante.

Covid-19 se propaga
por medio de gotitas en el aire.

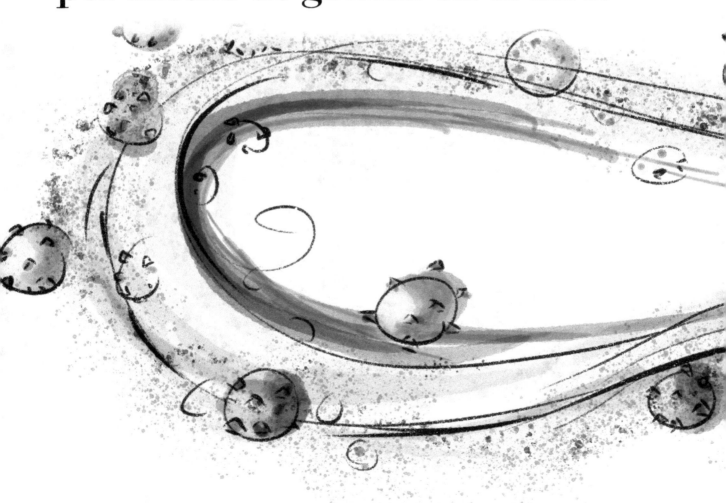

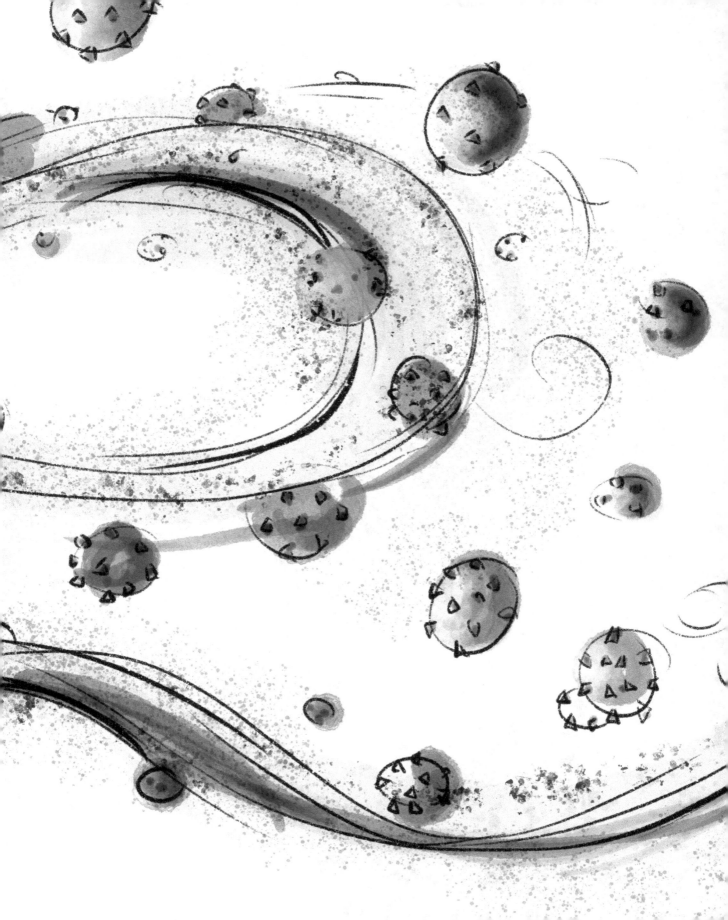

Cuando muchas personas se reúnen, hay más gotitas en el aire.

Cuando menos personas se reúnen, hay menos gotitas en el aire.

Cuando hay menos gotitas en el aire, menos personas se enferman.

Muy pronto los investigadores encontrarán una cura.

Mientras tanto,
todos estamos
ayudando.

Todos, incluyendo niños como tú.

DATOS SOBRE COVID-19

• COVID-19 es el nombre abreviado de "enfermedad por coronavirus 2019."

• COVID-19 puede causar fiebre y tos. Puede hacer difícil hacer inspiraciones profundas.

• La mayoría de las personas que han tenido COVID-19 han mejorado. Pero algunas personas se enferman de gravedad.

• Los médicos y científicos todavía están investigando las mejores maneras de tratar la COVID-19.

¿QUÉ PUEDO HACER PARA NO CONTAGIARME DE COVID-19?

• Tose y estornuda en un pañuelo de papel o en el codo.

• No te toques la boca, la nariz ni los ojos con las manos; así mantendrás a los gérmenes fuera de tu cuerpo.

• Lávate las manos con agua y jabón por al menos 20 segundos.

• Si no tienes agua y jabón, un adulto puede ayudarte a usar un desinfectante de manos especial.

ACERCA DE LA AUTORA

Cuando Beth Bacon era joven, le encantaba leer. Ahora le encanta escribir. Otros libros escritos por ella son *I Hate Reading* (Detesto leer), *The Worst Book Ever* (El peor libro de todos los tiempos), *The Book No One Wants To Read* (El libro que nadie quiere leer) y *Blank Space* (Espacio en blanco). Obtuvo su Maestría en Bellas Artes (MFA) con énfasis en literatura infantil en Vermont College of Fine Arts. También tiene un título en Comunicación de NYU y un título en Literatura de Harvard. Ella y su esposo tienen dos hijos, un gato, y últimamente muchos estudiantes extranjeros.

VISITA SU SITIO WEB

BethBaconAuthor.com

ACERCA DE LA ILUSTRADORA

Cuando Kary Lee era niña, si no estaba en el patio pintando o escribiendo a máquina, lo más probable era que estuviera dirigiendo (mandoneando) a los niños del vecindario en una de sus obras de teatro. Después de la universidad, consiguió trabajo como directora artística porque le gustaba la parte de dar órdenes. Tomó una clase de pintura y ganó un premio por la ilustración de un libro. Cinco libros y el premio Mom's Choice más tarde, nunca se ha arrepentido. Kary vive en Seattle con su esposo Charles y un conejito doméstico.

VISITA SU SITIO WEB

KaryLeeStudios.com

ACERCA DEL PATROCINADOR

Emory Global Health Institute (EGHI) ha reunido profesionales de varias disciplinas para abordar los problemas de salud mundiales. Covid-19 comenzó a extenderse por los Estados Unidos en 2020. Inspirado por las preguntas de sus nietos sobre la pandemia, el Dr. Jeffrey Koplan, Director de EGHI y Vicepresidente de Salud Global de Emory Univeristy,

pensó que los libros para niños eran una forma de proveer respuestas. Así que EGHI celebró una competencia de libros electrónicos. Se presentaron 260 cuentos. *Ayudantes en Covid-19* fue el libro ganador.

ACERCA DE LA TRADUCTORA

Norma Kaminsky ha vivido en varios países de habla española e inglesa, practicado medicina en Costa Rica y obtenido un doctorado en Literatura Comparada de University of Washington. Es traductora de español en Seattle.

Ayudantes en COVID-19 está publicado por Blair.

BLAIR

905 W. Main Street, Suite 19 D-1, Durham, NC 27701
© 2020, Beth Bacon, por el texto. © 2020, Kary Lee, por las ilustraciones.
© 2020, Norma Kaminsky, por la traducción.

Text © 2020 by Beth Bacon. Pictures © 2020 by Kary Lee.
Translation © 2020 by Norma Kaminsky.

Library of Congress Control Number: 2020945376
ISBN: 978-1-949467-64-2 (paperback); ISBN: 978-1-949467-63-5 (hardcover)

Library of Congress Control Number: 2020945376
ISBN: 978-1-949467-64-2 (paperback); ISBN: 978-1-949467-63-5 (hardcover)

CPSIA information can be obtained
at www.ICGtesting.com
Printed in the USA
JSHW031820090321
R10720300001B/R107203PG12072JSX00002B/1